Bill Hybels

Als Christ erfolgreich führen

Was Sie zu einer effektiven Führungskraft macht

Über den Autor

Bill Hybels ist Gründer und Pastor der *Willow Creek Community Church*, einer der größten Gemeinden Amerikas in einem Vorort von Chicago.
Seine Gemeindearbeit richtet sich besonders an Menschen, die der Kirchentradition ablehnend gegenüberstehen. Mittlerweile hat die Bewegung weite Kreise gezogen und *Willow Creek*-Gemeindeleiter-Konferenzen sind auch in Deutschland sehr gefragt. Seine Predigten und Bücher zeichnen sich durch beeindruckende Ehrlichkeit, moderne Sprache und praktische Anwendbarkeit aus.

Bill Hybels

Als Christ erfolgreich führen

Was Sie zu einer effektiven Führungskraft macht

WILLOW
Willow Creek · Edition

Gerth Medien

Die Originalausgabe erschien
im Verlag Zondervan, Grand Rapids, Michigan, USA,
unter dem Titel „When Leadership and Discipleship collide".

Aus dem Englischen übersetzt von Rabea Rentschler.

1. Auflage 2008
Bestell-Nr. 816 851
ISBN 978-3-86591-851-2
Umschlaggestaltung: Hanni Plato
Satz: Die Feder GmbH, Wetzlar
Druck und Verarbeitung: CPI Moravia

Inhalt

Ohne Zweifel war die beeindruckendste Führungsperson der Weltgeschichte Jesus von Nazareth. Ich sage das nicht, weil ich Christ bin, sondern weil ich glaube, dass die Fakten für sich sprechen. Kein Leiter hat jemals eine umfassendere oder atemberaubendere Vision entworfen als Jesus Christus – nämlich keine geringere als die Rettung des gesamten Planeten. Kein Leiter hat jemals in kürzerer Zeit aus weniger begabten Mitarbeitern ein schlagkräftigeres Team zusammengestellt. Kein Leiter verankerte jemals Werte tiefer oder inspirierte Menschen stärker als Jesus Christus – in vielen Fällen so sehr, dass sie bereit waren, für seine Sache zu sterben. Sicherlich hat keine Führungsperson den Gang der menschlichen Geschichte so sehr beeinflusst wie Jesus ... und er tut es immer noch, mehr als zweitausend Jahre später.

Ich würde sagen, all das beweist ziemlich überwältigende Führungsqualitäten: Er war der beste Leiter aller Zeiten.

Jesus setzt sich über Führungsprinzipien hinweg

Stellen Sie sich meine Überraschung vor, als ich kürzlich beschloss, das Markusevangelium zu lesen, und dabei auf etwas Erstaunliches stieß: Jesus warf offenbar absichtlich bei mehreren Gelegenheiten einige bekannte und allgemein anerkannte Führungsprinzipien über den Haufen. Ich kann Ihnen sagen: Ich war richtiggehend geschockt!

Stellen Sie ein Team aus hochqualifizierten Mitarbeitern zusammen

Im allerersten Kapitel des Markusevangeliums bemerkte ich zum ersten Mal, wie der größte Leiter aller Zeiten sich über ein grundlegendes Führungsprinzip hinwegsetzte. Jesus hatte gerade seinen engsten Vertrauten – Johannes den Täufer – verloren. Dieser war ins Gefängnis geworfen worden, weil er den zeitgenössischen Herrschern ihr sündiges Verhalten vorgeworfen hatte. Johannes mag etwas eigenartige kulinarische Vorlieben gehabt haben und auch einen ausgesprochen minimalistischen Geschmack in Sachen Bekleidung, aber man kann sich sicher keinen besseren Mitarbeiter wünschen. Er war wagemutig, furchtlos und stand hundertprozentig hinter dem Auftrag. Es muss ein ziemlich harter Schlag für Jesus gewesen sein, als er Johannes an eine Gefängniszelle verlor. Er war mit der brennenden Frage konfrontiert: „Wen in aller Welt soll ich nur anheuern, um einen Superstar wie Johannes zu ersetzen?"

Jesus war ein Religionslehrer, warum also nicht einen Rabbi ins Team holen? Oder vielleicht einen hochqualifizierten Pharisäer oder doch lieber einen angesehenen Sadduzäer? Wie wäre es mit ein paar brillanten Thora-Schülern – ein paar richtige Führungspersönlichkeiten, die sich gut mit den jüdischen Gepflogenheiten auskennen?

Nein, Jesus zog los und scharte stattdessen lieber einen reichlich bunten Haufen von Fischern um sich. Die Mehrheit von ihnen war ungebildet, ungehobelt und minderjährig. Manche hatten ein ausgesprochen hitziges Temperament, andere bedienten sich fragwürdiger Geschäftstaktiken, und kein Einziger hatte Missionserfahrung.

Stellen Sie sich meine Überraschung vor, als ich kürzlich beschloss, das Markusevangelium im Neuen Testament zu lesen, und dabei auf etwas Erstaunliches stieß: Jesus warf offenbar absichtlich bei mehreren Gelegenheiten einige allgemein bekannte und anerkannte Führungsprinzipien über den Haufen.

Das ist ein riesiger Verstoß gegen die gängigen Führungsprinzipien. Doch obwohl vermutlich alle skeptisch die Stirn gerunzelt haben, machte Jesus weiter. Er war sicher, die richtige Entscheidung getroffen zu haben.

Halten Sie die Eigendynamik aufrecht

Die nächste Stelle, an der ich bemerkte, dass Jesus sich über ein weiteres Führungsprinzip hinwegsetzte, steht weiter hinten im 1. Kapitel des Markusevangeliums: Jesu Popularität wuchs kontinuierlich. Wo er auch hinkam, die Menschenmengen wurden immer größer. Die Leute sahen, wie Jesus böse Geister austrieb, Kranke heilte und das Reich Gottes verkündete. Sie fragten sich, ob er möglicherweise sogar der lang ersehnte Messias sein könnte. Doch obwohl die „Zuschauerquote" anstieg – so berichtet Markus 1, Vers 35 –, zog sich Jesus gerade in dieser Situation von all dem Trubel zurück; er zog sich allein an einen einsamen Ort zurück, um nachzudenken und wertvolle Zeit im Gebet zu verbringen.

Damit verletzte er ganz offensichtlich ein allgemein anerkanntes Prinzip der Dynamik. Jeder Leiter weiß, wie schwer es ist, ein Momentum zu erzeugen. Jeder Leiter weiß auch, dass man alles dafür tun sollte, dieses am Laufen zu halten, hat man es erst einmal erzeugt. Dynamik ist eine der engsten Verbündeten eines Leiters. Wenn der Energielevel hoch ist, das Team schlagkräftig und die

Menschen begeistert, sollte man keinesfalls einfach mal den Stecker ziehen und damit die Energiezufuhr stoppen.

Aber Jesus ließ einfach alles hinter sich. Eine Entscheidung, die ihm seine Jünger wirklich übel nahmen, denn sie waren noch immer berauscht, weil es gerade wie am Schnürchen lief. Daher stellten sie umgehend einen Suchtrupp zusammen und tadelten ihren furchtlosen Leiter, als sie ihn gefunden hatten, dafür, dass er einfach weggegangen war: „Jesus, alle suchen nach dir!" Was schlicht und ergreifend so viel heißen sollte wie: „Was ist denn los mit dir? Wir haben uns alle den ... Hintern aufgerissen, um deinen Traum von diesem Königreich wahr werden zu lassen, und kaum kommt die Sache ins Rollen, nimmst du eine Auszeit?"

Wenn man das Ganze aus der Perspektive des richtigen Führens betrachtet, machte Jesu Abgeschiedenheit keinerlei Sinn, und die Jünger wussten das. Der großartigste Leiter aller Zeiten verletzte das Einmaleins der Führung – zum großen Entsetzen seiner Anhänger ... und mir.

Nutzen Sie gute Presse

Wenig später kam ein Leprakranker zu Jesus und meinte: „Wenn du willst, kannst du mich gesund machen" (Markus 1,40). Schweigen legte sich über die wartende Menge. Ameisen hielten in ihrer Arbeit inne. Vögel starrten herüber. Engel rutschten auf ihre himmlischen Stuhlkanten vor, um einen Blick nach unten zu erhaschen. Jeder wusste: Dieser Mann hatte sein Leben lang ein bedauernswertes Dasein geführt. Der Aussatz hatte ihn entstellt, ausgegrenzt und – nach jüdischem Recht – rituell unrein gemacht. Und nun stand der einzige Mensch auf der Erde, der die Macht und Autorität besaß, ihn von seinen körperlichen, geistigen und emotionalen Qualen zu befreien – Jesus Christus –, nur um Armeslänge von ihm entfernt. Na, wenn sich da mal kein Medien-Event anbahnt!

Auch Jesus wusste, dass dieser Mann sich in einem traurigen Zustand befand. Er wusste auch, dass dieser Mann gleich vollständig und augenblicklich geheilt sein würde. Unmittelbar vor einem Wunder diesen Ausmaßes würde jede Führungspersönlichkeit, die ihr Gehalt und ihre Prämien wert ist, ihre PR-Leute zusammentrommeln und eine Pressekonferenz erster Güte anberaumen. Her mit den Reportern, schmeißt die Kameras an! Was gleich kommt, wird die Zuschauer umhauen!

In Markus 1, Vers 41 steht dann auch ganz richtig: „Jesus […] streckte die Hand aus und berührte ihn." Was dazu führte, dass der Aussatz vom Körper des Mannes abfiel. Doch statt seinen Erfolg in den Abendnachrichten zu verkünden, sah Jesus den Geheilten an und sagte zu

Schweigen legte sich über die wartende Menge. Ameisen hielten in ihrer Arbeit inne. Vögel starrten herüber. Engel rutschten auf ihre himmlischen Stuhlkanten vor, um einen Blick nach unten zu erhaschen.

ihm: „Sieh zu, dass du keinem von dem, was hier geschehen ist, erzählst."

Das muss doch sicher nur ein kleines Versäumnis vonseiten Jesu sein. Ich meine, wenn man gerade dabei ist, Menschen für seine Sache zu begeistern, dann sollte man keinesfalls gute Presse *unterdrücken!*

Vermeiden Sie unnötige Konflikte

Jeder, der eine Führungsposition innehat, weiß, dass man es unmöglich immer allen recht machen kann. Das ist eine Tatsache, die untrennbar mit Führung verbunden ist. Aber erfahrene Leiter sind sich auch bewusst, dass *unnötige* Konflikte um jeden Preis vermieden werden sollten. Mit anderen Worten: Wenn Sie nach einer schwierigen Entscheidungsfindung Schläge und Beschwerden einstecken müssen, dann stellen Sie zumindest sicher, dass es auch die richtige Entscheidung zur rechten Zeit ist. Warum Ihre Glaubwürdigkeit aufs Spiel setzen, wenn es nicht sein muss?

Vor einiger Zeit rief mich ein Pastor an. Er gehört einer

sehr konservativen Gemeinde an, die sich gerade in der größten Kampagne ihrer Geschichte befindet; es geht um die Finanzierung eines neuen Gebäudes. Einer der Ältesten wollte eine Diskussion darüber anregen, ob man nicht die Anti-Alkohol-Politik ändern sollte, die die Gemeinde seit mehr als hundert Jahren stolz aufrechterhält. Der Pastor war geneigt, diesem Ältesten zuzustimmen, und fragte mich nach meiner Meinung in dieser Sache. Ich gab ihm zwei Worte zur Antwort: „Nicht jetzt!"

Erklärend fügte ich noch hinzu: „Glaub mir: Du solltest sehr vorsichtig sein. Es ist nicht klug, zu diesem kritischen Zeitpunkt der Baufinanzierung einen unnötigen Konflikt zu riskieren. Mag sein, dass du die Diskussion über dieses Thema irgendwann eröffnen solltest – vielleicht –, jetzt aber sicher nicht."

Als ich dann aber das 2. Kapitel des Markusevangeliums las, fand ich eine Begebenheit, bei der Jesus dieses Prinzip – unnötige Konflikte zu vermeiden – völlig missachtete.

Jesus hatte gerade mehrere wundersame Heilungen vollbracht. Unter anderem auch die mittlerweile berühmte Heilung des Gelähmten, der durch ein Loch im

Man könnte sagen, dass das nicht die cleverste Entscheidung war ... zumindest oberflächlich betrachtet. Hätte es wirklich so einen Unterschied gemacht, wenn Jesus 24 Stunden gewartet hätte?

Dach in den Versammlungsraum herabgelassen wurde, in dem Jesus gerade sprach. Der Mann wollte geheilt werden, und nichts konnte ihn davon abhalten, sich in die Gegenwart des Einen zu begeben, der ihn heilen konnte.

All das führte dazu, dass die Menge, die Jesus und seine Anhänger umgab, weiter wuchs, und die Stadtbewohner sprudelten vor Energie angesichts Jesu wundersamen Wirkens geradezu über. Das Momentum war wieder auf Jesu Seite und alles schien sich bestens zu entwickeln.

Bis Jesus eines Tages – an einem Sabbat wohlgemerkt – beschloss, mit seinen Jüngern etwas frische Luft zu schnappen. Irgendwann schlenderten sie so durch die Kornfelder von irgendeinem Typen, und die Jünger pflückten die Köpfe mehrerer Ähren, um davon zu naschen. Prompt flippten die Pharisäer, die niemals weit entfernt zu sein scheinen, aus, weil das Ährenpflücken für sie ein Akt der Arbeit war, was nach ihren Gesetzen wiederum an diesem Tag streng verboten war. Wenn Jesus diese Form des Erntens an einem Sabbat erlaubt, dachten sie, wer *weiß*, was dann als Nächstes kommen wird?

Jesus erklärte dann, dass der Sabbat für den Menschen gemacht wurde, nicht umgekehrt – und so weiter. Aber die Pharisäer ließen sich nicht von ihrer Meinung abbringen. Sie machten auf dem Absatz kehrt und bereiteten die nächste Falle für Jesus vor. Binnen kürzester Zeit brachten sie ihn dazu, einen weiteren Sabbat-Verstoß zu begehen, und übergaben ihn schließlich den Herodianern – der

Gruppe, die endgültig seinen entsetzlichen Tod plante.

Also, da hatte Jesus doch wirklich in ein Wespennest gestochen! Wirklich, hätte er nicht bis Montag warten können, um diesen Vergnügungsspaziergang mit seinen Jüngern zu unternehmen?

Man könnte sagen, dass das nicht die cleverste Entscheidung war ... zumindest oberflächlich betrachtet. Hätte es wirklich so einen Unterschied gemacht, wenn Jesus 24 Stunden gewartet hätte?

Nutzen Sie Zeit und Einfluss optimal aus

Als wären all diese Verstöße nicht schon genug, beging Jesus prompt den nächsten kolossalen Schnitzer in Sachen Leiterschaft (Markus 10): Er verstieß gegen das Prinzip, das besagt, dass man seine Zeit und seinen Einfluss optimal einsetzen sollte. Jeder Leiter weiß, dass ihm jeden Tag nur eine begrenzte Anzahl Stunden zur Verfügung stehen. Um möglichst effektiv zu sein, gilt es herauszufinden, welche Personen die Sache am besten vorantreiben können – und dann mit eben jenen Zeit zu verbringen. Der Rest der Truppe muss wohl oder übel selbst sehen, wie er klarkommt. Du hast einen Auftrag, den du erfüllen musst. Um das gut zu tun, musst du bei den Personen ansetzen, die Dinge möglich machen können. Wieder einmal haben wir es hier mit einem kinderleichten Grundprinzip in Sachen Führung zu tun.

Vers 13 schildert, dass Jesus dabei erwischt wurde, wie er gerade während eines Arbeitstages Zeit mit einer Gruppe von Kindern verbrachte. Dabei gab es sicher Wichtigeres für ihn zu tun: Predigten vorbereiten, Führungsqualitäten ausbauen, Strategien entwickeln, was auch immer! Seinen Nachmittag mit einer Horde nervender Halbwüchsiger zu verplempern machte aus der Führungsperspektive überhaupt keinen Sinn. Die Jünger waren sich dessen nur allzu bewusst, also beschlossen sie, die Dinge selbst in die Hand zu nehmen. Sie sagten den Kindern, wie auch deren Eltern, dass sie verschwinden sollten: Ob sie denn nicht wüssten, dass Jesus sehr wichtige Angelegenheiten zu erledigen hätte, dass er Menschen treffen und Orte aufsuchen müsste?

Jesus war nicht eben begeistert von der Einmischung der Jünger. Er tadelte sie ernsthaft dafür, dass sie die Kinder weggedrängt hatten. Im Wesentlichen machte er ihnen deutlich: „Ich allein entscheide, wer meiner Zeit und Energie würdig ist, ob es euch Jungs nun gefällt oder nicht. Wenn ich mit Kindern rumhängen möchte, ist das meine Sache, egal, welches Führungsprinzip dadurch missachtet wird."

Sägen Sie den Ast nicht ab, auf dem Sie sitzen

Soll ich noch eins draufsetzen? Kurz nach dieser Begebenheit brachte Jesus einen sehr reichen Mann gegen sich auf. Erinnern Sie sich noch an seine Begegnung mit dem reichen Jüngling? Hier wird gegen eine Kardinalregel der Finanzmittelbeschaffung verstoßen: Verärgere niemals reiche Leute! Früher oder später wirst du wahrscheinlich ihre Hilfe brauchen, also stoße sie nicht grundlos vor den Kopf. Doch bei Jesus geht's gleich ans Eingemachte – geistlich gesehen. Und wie nicht anders zu erwarten, geht dieser Typ Marke Investment-Banker des 1. Jahrhunderts davon, ohne eine Spende für Jesu Sache gemacht zu haben (Markus 10,22). Sagen Sie es mir: Hat

Jesus brachte einen sehr reichen Mann gegen sich auf ... Hier wird gegen eine Kardinalregel der Finanzmittelbeschaffung verstoßen: Verärgere niemals reiche Leute!

sich Jesus in dieser Situation wie eine clevere Führungsperson verhalten?

Wollen Sie noch mehr hören?

Vermeiden Sie sensationelle Heldentaten

Im 11. Kapitel des Markusevangeliums wird davon berichtet, dass Jesus den Tempel von Geldwechslern und Händlern befreite, die mit ihren Waren in diesem Haus der Anbetung hausieren gingen. (Es hatte auch wirklich eine gründliche Reinigung nötig, aber das tut nichts zur Sache.) Jesu Beweggründe mögen richtig gewesen sein, doch jeder, der sich mit dem Thema „Leiterschaft" auseinandersetzt, fragt sich vermutlich, ob die Peitsche (Johannes 2,15) denn wirklich notwendig war. Die Anwendung der Peitsche sorgte doch nur dafür, dass die Presse etwas wirklich Sensationelles hatte, über das sie schreiben konnte. Erfahrene Leiter liefern der Gegenseite jedoch niemals Munition. Wenn Jesus unbedingt ein paar Tische umstoßen musste – bitte. Sein Standpunkt musste einmal klargemacht werden. Aber gleich die Peitsche zum Einsatz bringen?! Wo bleibt da der gesunde Menschenverstand?

Legen Sie unerschütterliche Tapferkeit an den Tag

Das vielleicht extremste Beispiel für Jesu Verstöße gegen anerkannte Führungsprinzipien findet sich kurz vor dem Verrat an ihm und seiner Verhaftung im Garten Gethsemane. In Kapitel 14 des Markusevangeliums wird davon berichtet, dass die Stadt Jerusalem zu dieser Zeit in Aufruhr war. Es gingen bösartige Gerüchte um, dass jemand dafür bezahlt werden würde, Jesus und seine Jünger zu töten. Die Stimmung war ausgesprochen angespannt.

Was unternahm also ein erfahrener Leiter wie Jesus, um seinen Anhängern die Angst etwas zu nehmen? Man sollte meinen, er würde unerschütterliche Tapferkeit an den Tag legen und seine Anhänger dann dazu aufrufen, ebenfalls standhaft zu sein. So wie William Wallace in dem Film „Braveheart": Als seine Soldaten sich vor einer drohenden Schlacht absetzen wollen, besteigt Wallace (meisterhaft gespielt von Mel Gibson) sein Pferd und reitet entlang der Reihen seiner Soldaten auf und ab und ruft mit lauter Stimme: „Ich fürchte mich nicht, heute für unsere Sache zu sterben, und ihr solltet euch auch nicht fürchten!"

Wo wir gerade von Inspiration sprechen: Nachdem ich diese Filmszene gesehen hatte, war sogar *ich* bereit, mich freiwillig zu melden. Ganz und gar keine Selbstverständlichkeit, wenn man bedenkt, dass ich normalerweise immer den Schwanz einziehe, wenn es ums Kämpfen geht. Außerdem hasse ich jede Form von Gewalt.

Doch was ist mit Jesus? Als er sich, von einigen vor Angst erstarrten Jüngern umgeben, im Garten Gethsemane aufhielt, zeigte sich, wie verzweifelt und tief besorgt er war: „Ich zerbreche beinahe unter der Last, die ich zu tragen habe", gestand er, „bleibt bei mir und lasst mich nicht allein" (Markus 14,34; Hfa). Jesus bat dann drei seiner Männer, gemeinsam mit ihm zu beten – ein von Herzen kommendes Gebet, in dem er seinen himmlischen Vater anflehte, die Aufgabe, die er ihm übertragen hatte, doch bitte abzuändern oder ihn davon zu befreien. Er sagte in etwa: „Erspare es mir, diesen Kelch trinken zu müssen! Aber es soll geschehen, was du willst, nicht was ich will."

Das ist ein ziemlich großer Unterschied zu den Ereignissen in „Braveheart".

Und auch zur Befolgung irgendwelcher mir bekannter

Führungsprinzipien. Die Prinzipien, die ich kenne, besagen: Zeige als Leiter inmitten einer Krise, die eine Bedrohung des Auftrags darstellt, niemals Schwäche. Weich und weinerlich zu sein, wenn viel auf dem Spiel steht … Ist das wirklich der beste Weg, dem Team und der Sache zu dienen?

Nur um das klarzustellen: Abgesehen von diesem Augenblick der Angst fand Jesus schnell den Mut, weiterzumachen, entsetzliche Leiden zu ertragen und freiwillig sein Leben für fehlerhafte Menschen wie Sie und mich

Weich und weinerlich zu sein, wenn viel auf dem Spiel steht ... Ist das wirklich der beste Weg, dem Team und der Sache zu dienen?

hinzugeben. Er tat genau das, wozu er auf die Erde gekommen war. Er vollendete seinen Erlösungsauftrag. Doch jener kurze Einblick in seinen emotionalen Kampf – die Anzeichen von Schwachheit und Unsicherheit im Garten – lässt mich darüber rätseln, was sich dieser Leiter nur dabei gedacht hat!

Meine eigenen Verstöße gegen die Führungsprinzipien

Ich habe das ganze Markusevangelium gelesen und dabei all diese ausgesprochen interessanten Situationen entdeckt, in denen Jesus scheinbar gegen etablierte Führungsprinzipien verstieß. Das hat mich, um ganz ehrlich zu sein, ziemlich verunsichert. Ich fragte mich: *Habe ich in den mehr als dreißig Jahren Leitungsdienst jemals wissentlich gegen ein Führungsprinzip verstoßen?*

Habe ich in den mehr als dreißig Jahren Leitungsdienst jemals wissentlich gegen ein Führungsprinzip verstoßen?

Zu meiner eigenen Überraschung fielen mir fast ein halbes Dutzend Verstöße ein.

Vertrauen in einen bunten Haufen

Die erste Regel brach ich, als ich Entscheidungen darüber fällte, wer Teil des Gründungsteams sein sollte, das die *Willow Creek Community Church* aufbaute. Jede Führungsperson weiß, wie wichtig es ist, sich mit den fähigsten Mitarbeitern zu umgeben, die man finden kann: den klügsten, belastbarsten, kompetentesten, die greifbar sind. Aber aus unverständlichen Gründen ging ich einen ganz anderen Weg, als Gott mich aufforderte, *Willow* zu gründen. Statt einige hoch qualifizierte Typen zu rekrutieren, umgab ich mich mit einigen wenigen persönlichen Freunden, von denen keiner irgendwelche besonderen Erfahrungen, Kenntnisse oder Begabungen für Gemeindearbeit mitbrachte.

Ein Freund war frisch vom Militär entlassen worden und versuchte verzweifelt, seinen Marihuana-Konsum in den Griff zu bekommen. Ein zweiter kam gerade aus Südamerika zurück, wohin ihn seine Missionarseltern mitgeschleppt hatten. Würde man behaupten, er sei damals in geistlicher Hinsicht ausgesprochen ernüchtert gewesen, wäre das die Untertreibung des Jahrhunderts: Mit Gott wusste er nicht viel anzufangen, er ging in keine Gemeinde und machte einen Bogen um alles, was nach Religiosität roch. Ein Dritter war ein ehemaliger Klassenkamerad, der sein Studium abgebrochen hatte, weil er keine Ahnung hatte, was er mit seinem Leben anfangen wollte.

Diese Jungs waren alles andere als Könner in Sachen Gemeindegründung.

Der Leiter in mir wusste, dass ich im Begriff war, mir mit diesem bunten Haufen allerlei unnötige Risiken aufzuhalsen. Aber jedes Mal, wenn ich darüber betete, wer mir bei der Gründung von *Willow Creek* helfen sollte, flüsterte der Heilige Geist dieselben drei Namen: Tim, Scott und Joel. Also fiel meine Wahl auch auf sie. 31 Jahre später sind die Jungs immer noch bei mir. Man kann zu Recht sagen, dass die *Willow Creek Community Church* ebenso auf ihren Schultern gebaut wurde wie auf meinen.

Natürlich würde ich einem jungen Gemeindegründer oder einem Geschäftsmann niemals raten, ein so sinnloses Risiko in Betracht zu ziehen, wenn er vorhat, ein brandneues Projekt zu starten. Ich würde niemals vorschlagen, derart zerbrechliche Eier ins Nest unerfahrener Nicht-Leiter zu legen. Doch genau das tat ich. Ich wusste, ich war im Begriff, gegen ein wichtiges Prinzip der Leiterschaft zu verstoßen, aber ich wusste auch, dass es Gott war, der mich führte. Also folgte ich ihm.

Entgleisung des Dynamik-Zuges

Als ich im 1. Kapitel des Markusevangeliums von der Begebenheit las, als Jesus scheinbar die Regeln der Dynamik missachtete, musste ich an meine eigene Laufbahn als Leiter denken. In den späten Achtzigern wuchs *Willow Creek* jeden Monat um Hunderte von Menschen, und Journalisten schrieben zahlreiche Artikel über „diese Gemeindearbeit in Chicago“, die rasch zur größten Kirche Nordamerikas wurde. Obwohl man uns mit so viel Wohlwollen betrachtete, wurde ich das Gefühl nicht los, dass die Menschen, obgleich sie unser Auditorium füllten, nicht notwendigerweise auch in völlig hingegebene

Nachfolger Christi verwandelt wurden. Das war ein Problem, und zwar aus einem einfachen Grund: Unser Auftrag war (und ist es übrigens immer noch), Menschen dabei zu unterstützen, in völlig hingegebene Nachfolger Christi verwandelt zu werden.

Wir brachten jedoch eine Menschenmasse hervor, keine hingegebenen Nachfolger. Wir förderten nicht die Art von Wachstum, die eine Gemeinde nach Apostelgeschichte 2 eines Tages hervorbringen würde – Menschen, die Wertschätzung gegenüber Menschen auszeichnet, die Gott noch nicht kennen, außerdem ihre Hingabe an die

Ich traf meine bis heute schwierigste Entscheidung in Sachen Gemeindebau: Ich behinderte absichtlich unser Momentum.

Bibel und das Gebet, ihre Großzügigkeit im Umgang mit materiellen Besitztümern, ihre Beständigkeit in der Nachfolge und so weiter.

Ich verbrachte einige Zeit im Gespräch mit Gott und versuchte, dieses Dilemma in seine Einzelteile zu zerlegen. Ich brachte einige meiner vertauenswürdigsten Freunde und Berater zusammen, und dann, nachdem ich ihre Einschätzungen und Ratschläge berücksichtigt hatte, unterbrach ich, was auch immer gerade auf dem Predigtplan stand, und hielt eine sechswöchige Predigtreihe über den „Preis der Nachfolge“, inklusive kompromissloser Lehre über Jüngerschaft. Ich wollte, dass die gesamte Gemeinde verstand, was „völlige Hingabe an Jesus Christus“ wirklich bedeutet. Während dieser Phase prägte ich den Ausdruck: „95 Prozent Hingabe an Christus sind fünf Prozent zu wenig.“

Ich fragte die Menschen im Auditorium, warum in aller Welt sie dem, der sein Bestes für sie gegeben hatte, nicht ebenfalls ihr Allerbestes geben sollten. Ich sprach sechs Wochen lang von nichts anderem.

Diese Vorgehensweise ließ unsere Wachstumskurve

eindeutig abflachen. Schlimmer als diese Tatsache war jedoch die quälende Erkenntnis, dass ich eine gespaltene Persönlichkeit entwickelt hatte. Der Leiter in mir schrie: „Du Idiot! Du hast die Dynamik des Gemeindewachstums zerstört!“ Währenddessen flüsterte eine andere Stimme: „Es liegt noch ein langer Weg vor dir, Bill. Du tust exakt, was ich von dir erwarte. Du versammelst nicht nur eine Menschenmenge, sondern du unterstützt die Menschen dabei, völlig hingegebene Nachfolger Jesu Christi zu werden. Du versuchst wirklich, eine Apostelgeschichte-2-Gemeinde zu bauen, was genau dem entspricht, wozu ich dich berufen habe. Es ist noch ein langer Weg!“

Die bewährten Führungsprinzipien wehrten sich mit Händen und Füßen dagegen, wollten sie doch das Momentum erhalten. Doch die leise Stimme des Heiligen Geistes sagte mir etwas völlig anderes. Es sollte nicht das letzte Mal sein, dass ich in einen solchen Zwiespalt geriet.

Die Annahme von Muslimen nach dem 11. September 2001

Ich habe eine ziemlich hohe Toleranz in Sachen Risiko, deshalb könnte ich zahlreiche Beispiele dafür anführen, wie ich im Grunde völlig unnötige Kontroversen anzettele. Ich kann Jesu Neigung, gegen dieses Prinzip zu verstoßen, ausgesprochen gut nachvollziehen. Vor allem eine Begebenheit fiel mir spontan ein, als ich mit einem Stift in der Hand dasaß, nachdem ich das Markusevangelium durchgelesen hatte. Sie hatte mit einer Entscheidung zu tun, die ich unmittelbar nach dem 11. September 2001 getroffen hatte.

Drei oder vier Monate nach den Terroranschlägen, von denen sich unsere Nation gerade langsam erholte, war die Lage für Muslime noch immer ziemlich angespannt. In Chicago etwa wurden Menschen geschlagen, nur weil sie Angehörige des Islam waren. Moscheen wurden angezündet; es wurden Todesdrohungen ausgesprochen ... alles als Antwort auf den 11. September. Es war eine sinnlose, herzlose Reaktion auf eine Situation, die an sich schon schlimm genug war. Ich hatte das Gefühl, unsere Gemeinde müsse ihren Teil dazu beitragen, diesem Wahnsinn ein Ende zu bereiten.

Ich lud einen ansässigen muslimischen Geistlichen ein, unsere Wochenendgottesdienste zu besuchen, damit wir Gelegenheit bekamen, uns gegenseitig besser kennenzulernen. In einem 15-minütigen Gespräch wollte ich mich mit ihm über die wahren Lehren des Islam austauschen. Welches vermeintliche Risiko ich damit auch immer einging – so glaubte ich –, es wäre es auf jeden Fall wert, wenn es dazu beitagen könnte, der *Willow Creek*-Gemeinde verständlich zu machen, was der Koran wirklich über Ungläubige, Djihad, heilige Kriege, Gewalt, Rache und andere häufig falsch verstandene Dinge lehrt.

Ziel, so ermahnte ich mich ständig selbst, war es, Brücken zu bauen, indem Akzeptanz gefördert und Horizonte erweitet wurden. Doch es kam ganz anders.

Eine konservative christliche Zeitschrift bekam Wind von dem Interview und verdrehte die Fakten auf eine Art und Weise, die nur als landesweite, monatelange Hetzkampagne bezeichnet werden kann. Glücklicherweise fanden die meisten Mitglieder unserer Gemeinde jedoch, dass der Gottesdienst ausgesprochen hilfreich gewesen war, dass er tatsächlich als Brückenbauer funktioniert hatte. Dennoch hatte ich hier ein hohes Maß an Glaubwürdigkeit riskiert und „unnötige Konflikte" heraufbeschworen.

Zeit mit Sam verbringen

Als Jesus einen ganzen Nachmittag mit einer Horde Kinder verschwendete, verstieß er scheinbar gegen das Prinzip, wonach Zeit und Einfluss sorgfältig einzusetzen sind. Ein weiterer Prinzipienbruch, den ich gut nachvollziehen kann.

Vor Jahren unternahm die *Willow Creek*-Gemeinde große Anstrengungen, um ein 18-Millionen-Dollar-Defizit in der Bau-Finanzierung anzugehen. Andere leitende Mitarbeiter und ich führten damals Dutzende sogenannter „Vision Tours" durch und führten dabei mit Schutzhelmen ausstaffierte *Willow Creeker* durch die Bereiche des neuen Anbaus, der sich gerade im Bau befand. Ich wollte ihnen ein Bild von all den Diensten vor Augen malen, die hier stattfinden würden, wenn alles fertiggestellt war. Zudem schrieb ich Briefe, in denen ich die Leute einlud, diesem Projekt ihr Bestes zu geben – ihre Zeit, Begabungen oder Ressourcen. Ich traf mich mit einer Menge potenzieller Spender zu Einzelgesprächen und bat sie, darüber zu beten, wie sie uns unter Umständen unterstützen könnten.

In dieser Phase zählte jede einzelne Sekunde des Tages – und ich meine wirklich jede! Doch an einem Nachmittag tat ich etwas, das sogar bei den unerfahrensten Leitern die Alarmglocken schrillen lassen würde.

Mein Handy klingelte und ich ging ran. Am anderen Ende war ein Mann namens Sam. Sam lebt in South Haven, Michigan, wo unsere Familie einen Teil des Sommers verbringt. Meine Frau Lynne und ich haben Sam einmal geholfen, eine Autowaschanlage zu kaufen, damit er seine Familie vor dem finanziellen Ruin bewahren konnte. Über die rauschende Verbindung teilte Sam mir an diesem Nachmittag mit, dass er meine Hilfe brauche.

Die Fahrt vom *Willow*-Gelände in South Barrington zur Autowaschanlage in South Haven dauerte zweieinhalb Stunden – eine lange Zeit, die mich den Sinn dieser Unternehmung durchaus infrage stellen ließ. Ich kam an, begrüßte Sam und setzte mich ihm gegenüber auf einen umgestülpten 20-Liter-Eimer in einer der Waschstraßen. *Reichlich zwanglose Umgebung für eine Personalversammlung,* dachte ich. Doch mich beschäftigten größere Sorgen. Für den Anfang etwa: Was um Himmels willen tat ich hier, wo *Willow* offensichtlich kurz vor einer Katastrophe stand?

Sam erzählte mir, dass ihm diesen Monat 180 Dollar fehlten. Er habe keine Ahnung, wie er Miete und Stromrechnung bezahlen solle, geschweige denn, wovon er seine Familie ernähren würde.

Er beschrieb mir seine beklagenswerte Situation, aber es fiel mir gar nicht so leicht, ihm aufmerksam zuzuhören. Meine Gedanken kreisten um meine eigene leidvolle Geschichte: *Ich kann nicht glauben, dass du wirklich hierher gekommen bist. Du bist vielleicht ein Leiter, Bill! Lässt einfach alles stehen und liegen, springst ins Auto, schleppst dich den ganzen Weg nach Michigan, weil du glaubst, dieser beiläufige Akt der Nächstenliebe würde irgendeinen Unterschied machen. Sieh dich doch an! Du sitzt auf einem Eimer und kümmerst dich um Sams 180-Dollar-Problem, obwohl du deine Zeit mit Leuten verbringen solltest, die dir aus der 18-*

Millionen-Dollar-Bredouille helfen könnten, in der du zu Hause steckst!

An jenem Tag, als ich mit Sam auf diesen umgestülpten Eimern in der Waschanlage saß, war ich in einem Maße hin- und hergerissen, wie ich es nie zuvor erlebt hatte. Der Leiter in mir sagte: *Geh zurück nach Barrington, du Idiot! Jetzt ist nicht die Zeit für Mitleid oder dafür, sentimental zu werden. Du kannst es dir jetzt einfach nicht leisten, dass dein Herz angesichts seiner Lebensbedingungen zu bluten anfängt. Du kannst dich darum kümmern, wenn deine Kampagne zu Ende ist, aber im Augenblick ist nur eines angesagt: Spring in deine Karre und ab nach Hause!*

Gleichzeitig flüsterte jedoch eine andere Stimme: *Ich bin so stolz auf dich, Bill. Bleib bei Sam. Es ist doch egal, wie groß die Summe ist – sein Problem kommt ihm ebenso groß vor wie dir dein eigenes. Ich bin bei euch; ich werde euch beiden dabei helfen, mit den Anforderungen, denen ihr gegenübersteht, zurechtzukommen. Steh Sam jetzt einfach nur als Freund bei.*

Ich erinnerte mich an das, was Jesus einmal gesagt hatte – und diese Worte gaben den Ausschlag: „Was ihr für einen meiner geringsten Brüder oder für eine meiner geringsten Schwestern getan habt, das habt ihr für mich getan" (Matthäus 25,40). Als ich an diesem Tag nach Hause fuhr, hatte ich den Eindruck, das Flüstern des Heiliges Geistes zu vernehmen: *Bill, du befindest dich immer noch im Prozess der Veränderung. Bitte vertrau mir. Ich verändere dich. Sam braucht deine Hilfe nicht so sehr, wie du glaubst. Du brauchst vielmehr, was geschieht, wenn du dich mit ihm auseinandersetzt.*

Ich stand die Sache mit Sam durch, bis wir seine finanziellen Probleme gelöst hatten. Und ich werde mich noch sehr lange an das Treffen in der Waschstraße erinnern.

Ich frage mich, ob Sie sich vorstellen können, wie es ist, wenn Sie sich zwischen den Führungsprinzipien und den „Gesetzen" der Nachfolge entscheiden müssen. Haben Sie schon vorab den Entschluss gefällt, wofür Sie sich entscheiden, wenn Sie zwischen diesen beiden Dingen wählen müssen? Ich erinnere mich gut an das erste Mal, als ich in dieser Sache meine Lektion lernen musste. Es geschah an einem wunderschönen Junimorgen, ausgerechnet bei einem Angelwettbewerb.

Geben Sie dem Angelwettbewerb den Vorrang

Special Friends („Besondere Freunde") ist ein Dienstbereich für mehr als 50 *Willow*-Familien mit Kindern, die geistlich oder körperlich schwer behindert sind. Über die Jahre habe ich einige außergewöhnliche Freundschaften mit manchen dieser tapferen Kinder und ihren Familien geschlossen. Doch eigentlich kann ich mir diese „Schwäche" nicht erklären. Menschen, die mich gut kennen, werden Ihnen bestätigen, dass mir die Gabe der Barmherzigkeit völlig abgeht. Dennoch schmuggle ich mich in die

Interessanterweise kaufte mir der Geist Gottes meine Entschuldigungen aber nicht ab. Er verfolgte mich, jagte mir nach und ließ mir einfach keine Ruhe.

Unternehmungen der *Special Friends* ein, wann immer es mir möglich ist.

Eines Sommers fand wieder der alljährliche Angelwettbewerb des Special Friends-Dienstbereiches an dem See auf dem Gelände unserer Gemeinde statt. Man hatte mir extra eine persönliche Einladung geschickt, damit ich dabei sein würde. Ich trug den Termin erwartungsvoll in meinen Kalender ein. Doch dann gab es einige Komplikationen mit einer Reise, und ich bezweifelte, dass es überhaupt klappen würde. Als der Samstagmorgen, an dem der Wettbewerb stattfand, näher rückte, sah es nicht gut aus. Ich versuchte, mir einzureden, ich müsste mich nicht dafür schuldig fühlen, dass ich das Ereignis verpasste. Ich fand fünf hieb- und stichfeste Argumente dafür, warum ein Leiter, der so viel Verantwortung trug wie ich, keine Zeit für einen Angelwettbewerb hatte, und warum ich ein solches Ereignis guten Gewissens verpassen könnte.

Interessanterweise kaufte mir der Geist Gottes meine Entschuldigungen aber nicht ab. Er verfolgte mich, jagte mir nach und ließ mir einfach keine Ruhe. Ich gehöre nicht zu denen, die die Stimme Gottes häufig vernehmen, aber es hörte sich wirklich so an, als spräche der Geist mit lauter Stimme zu mir: *Bill, wenn du hier die falsche Entscheidung triffst, wenn du es nicht schaffst, dieses Ereignis in deinem sorgfältig ausgeklügelten Terminplan unterzubringen, hast du überhaupt nicht kapiert, worum es wirklich geht. Wenn du dich vor diesem Ereignis drückst, das sage ich dir hiermit, bist du wirklich ein hoffnungsloser Fall!*

Es kam mir so vor, als entscheide meine Anwesenheit bei den *Special Friends* an jenem Tag darüber, ob ich eine Art geistlicher Persönlichkeitsprüfung bestehen würde oder nicht. Ich sollte schnell merken, dass es nur die Spitze des Eisbergs war. Gott sollte mir eine noch sehr viel tiefgehendere Lektion erteilen. Ich hörte endlich auf zu rationalisieren, mich zu rechtfertigen und mit der ganzen Angelegenheit zu ringen. Ich änderte eine Reihe anderer Pläne und erklärte ein für alle Mal, dass ich zum Angelwettbewerb kommen würde.

Und ich hatte eine Menge Spaß! Ich half Kindern, Würmer an ihren Haken zu befestigen und ihre Angelleinen auf den See hinauszuwerfen. Und ich feierte mit jedem Einzelnen von ihnen, wenn sie einen Fisch gefangen hatten. Ich tat mein Bestes, um ihre Freude und Begeisterung an jenem sonnigen Tag noch zu steigern, aber als ich nach dem Ereignis nach Hause fuhr, verfinsterte Gottes Geist meinen Sonnenschein: *Es hätte nicht so schwierig sein sollen, Bill. Es hätte wirklich nicht so viel Mühe kosten sollen, dich dazu zu bewegen, dort aufzutauchen.*

Plötzlich tauchten himmlische Fragen wie kleine Sprechblasen über meinem Kopf auf: *Was ist los, Bill? Warum war das eine so traumatische Entscheidung? Du gehst es besser etwas langsamer an. Du denkst lieber mal gründlich über diese Dinge nach, denn dich erwarten in Zukunft noch viele solcher Entscheidungen. Vielleicht wäre es an der Zeit, dir zu überlegen, wie du dich dann entscheiden willst. Möglicherweise solltest du herausfinden, was geschieht, wenn die Führungsprinzipien und die Ansprüche der Jüngerschaft im Widerspruch zueinander stehen, denn es wird gelegentlich dazu kommen. Denk an meine Worte.*

Obgleich der Heilige Geist mir ein gutes Thema für ein Buch gegeben hatte, war ich nicht allzu begeistert von seinem Inhalt: Ich wusste, ich hatte Unmengen an Arbeit zu erledigen, bevor ich Antworten auf die Fragen liefern konnte, die er bei mir aufgeworfen hatte. Ich beschloss, dieser Frage jeden freien Augenblick meiner verfügbaren

Zeit zu widmen: Wie wird meine Antwort lauten, wenn die Führungsprinzipien und die Ansprüche der Jüngerschaft im Widerspruch zueinander stehen?

In den folgenden Wochen und Monaten durchforstete ich meine Seele, las die Bibel, sprach mit Freunden und blickte auf meine Laufbahn als Leiter zurück. Bis heute habe ich nicht alle Fragen geklärt. Aber vielleicht lösen einige meiner anfänglichen Überlegungen ja auch bei Ihnen Gedanken, Beobachtungen und Meinungen in Bezug auf diese alles entscheidende Frage aus, die jeder Leiter für sich beantworten muss.

Die Wurzeln der Führungsprinzipien

Zunächst einmal wollte ich klären, was diese „Führungsprinzipien" eigentlich sind und woher sie ursprünglich stammen. John Maxwell, der Autor und Experte für alle Fragen rund um das Thema „Führen", ist eine enger Freund von mir. Aber kommen Sie nicht auch ein wenig ins Grübeln, wenn jemand wie er ein Buch mit dem Titel „Leadership. Die 21 wichtigsten Führungsprinzipien" veröffentlicht, das sich millionenfach verkauft und leitenden Mitarbeitern in allen Bereichen überall auf der Welt weiterhilft? Mir kamen plötzlich einige interessante Fragen. Etwa: Gibt es wirklich genau 21 Führungsprinzipien? Was, wenn es 19 wären? Oder 28? Was, wenn es 283 Führungsprinzipien gäbe?

Nach und nach wurde mir klar: Führungsprinzipien beschreiben eigentlich nur hart erarbeitete Lektionen, die Leiter über Hunderte von Jahren als wertvolle Wegweiser auf der Reise zum Ziel erkannt haben. Führungsprinzipien sind im Wesentlichen eine Sammlung kluger Grundsätze, die von einer Generation von Leitern an die nächste weitervererbt werden. Diese Prinzipien können vieles betreffen: den Aufbau eines lukrativen Unternehmens, eines Olympiateams von Athleten oder einer fantastischen Gemeindearbeit zur Ehre Gottes. Man kann sie auf dem Schlachtfeld oder im Sitzungssaal lernen, in einem Trainingslager oder während eines Wahlkampfes. Die Prinzipien, die dabei herauskommen, dienen gewissermaßen als Grenzlinien, die das Spielfeld abstecken. Überschreite sie und schon schwenkt der Linienrichter die Fahne.

Demnach sind Führungsprinzipien nicht in derselben Weise von Gott „inspiriert", wie wir das Wort „Inspiration" verwenden, wenn vom Wort Gottes die Rede ist. Sie sind weder unfehlbar noch unhinterfragbar oder unveränderlich in der Weise, wie wir diese Begriffe in Bezug auf die Bibel verstehen. Dennoch sind sie sehr wertvolle Erkenntnisse, die – sofern sie beachtet werden – jeder nachfolgenden Generation von Leitern dabei helfen können, ihre Führungsqualitäten, auf welchem Gebiet auch immer, zu verbessern.

Wenn Führung und Nachfolge Hand in Hand gehen

Nachdem ich mir klargemacht hatte, wie Führungsprinzipien eigentlich entstehen bzw. entstanden sind, machte ich mir darüber Gedanken, wie ich handeln sollte, falls sich Nachfolge und jene Grundsätze einmal widersprachen. Ich kam zunächst zu folgendem Schluss: Ich glaube, meist gehen die Führungsprinzipien und die Lehren der Bibel Hand in Hand – vor allem, wenn es darum geht, jene Menschen anzunehmen, die weit von Gott entfernt sind, und jene, die bereits eine Entscheidung für den Glauben getroffen haben, auf ihrem Weg mit Gott zu begleiten. Ich denke, dass es eigentlich nur selten zu Widersprüchen zwischen Führung und Nachfolge kommt.

Jesus tat während seines gesamten Wirkens immer wieder Dinge, die wir als traditionelle Führungsprinzipien bezeichnen könnten: Er entwickelte und bestätigte kontinuierlich eine von Gott gegebene, glasklare Vision. Er verfolgte seine Ziele ununterbrochen (darüber könnte man sich hin und wieder ärgern). Er investierte so viel Zeit und

Energie in sein Team, bis der Auftrag geradezu aus seinen Leuten herausströmte. Konflikte löste er auf der Stelle ... und zwar mit Liebe *und* Wahrheit. Die Liste ließe sich beliebig fortsetzen.

Die im Markusevangelium geschilderten Verstöße – oder vielmehr die scheinbaren Verstöße – sind mir gerade deshalb aufgefallen, weil sie seltene Abweichungen von Jesu starker, stetiger, meist vorhersehbarer Führungsstruktur sind.

In den vergangenen 32 Jahren ging es mir unter anderem vor allem darum, dass christliche Leiter die gesammelten Erfahrungen aller Leitergenerationen vor ihnen für sich nutzen sollten. Das, wofür wir uns engagieren, ist das allerallerwichtigste Unternehmen auf dem Planeten Erde – der Bau von Gottes Reich. Das Potenzial dieses Reiches ist größer als alles andere, deshalb steht auch mehr auf dem Spiel, wenn es um die explizite Umsetzung geht. Machen wir es richtig, beeinflussen wir, wie und wo Menschen die *Ewigkeit* verbringen – und wenn wir es nicht richtig tun, machen wir dies erst recht. Meiner Ansicht nach ist es daher offensichtlich, dass christliche Leiter sich vor allem darum bemühen sollten, Führungsprinzipien engagiert, treu und aufmerksam zu studieren.

Meiner Meinung nach wird es beim Bau von Gottes Reich niemals ausreichen, wenn wir nur gute Lehrer sind. Aber wenn wir gute Lehrer sind und auch herausragende Leiter – dann werden Sie sehen, was Gott daraus machen wird! Ich glaube, dass Theologie und Führungsprinzipien auf wundervolle Weise verschmelzen und das Wachstum exponentiell steigern können – in Gemeinden, christlichen Einrichtungen und Unternehmen. Aus diesem

> Meiner Ansicht nach ist es daher offensichtlich, dass christliche Leiter sich vor allem darum bemühen sollten, Führungsprinzipien engagiert, treu und aufmerksam zu studieren.

Grund fordere ich Leiter immer wieder heraus: Lesen Sie alles über Führungsprinzipien, was Sie in die Finger kriegen können. Gehen Sie dahin, wo auch immer etwas Vernünftiges über Leiterschaft gelehrt wird. Suchen Sie engen Kontakt zu Leitern, die erfahrener sind als Sie selbst. Hören Sie nicht auf, sich weiterzuentwickeln. Hören Sie nicht auf, sich selbst immer wieder neu herauszufordern! Hören Sie nicht auf, besser zu werden!

Aber das ist noch nicht alles.

Kurz nachdem mir klar wurde, dass Leiterschaft und Nachfolge selten im Widerspruch zueinander stehen, gelangte ich zu einer zweiten Überzeugung.

Entscheiden Sie sich für die Seite der Nachfolge

Entscheiden Sie sich in jenen seltenen Fällen, in denen menschliche Führungsprinzipien und geistliche Ansprüche der Jüngerschaft tatsächlich kollidieren, jedes Mal für die Seite der Nachfolge. *Entscheiden Sie sich jedes einzelne Mal für die Seite der Nachfolge.* Vertrauen Sie auf den Heiligen Geist, denn er wird Ihnen an diesen äußerst schwierigen Kreuzungen weiterhelfen.

Ein Großteil der derzeit erhältlichen Literatur über Führungsprinzipien stammt von säkularen Führungspersonen aus nichtkonfessionellen Bereichen. Obgleich wir eine Menge von Personen lernen können, die in der Geschäftswelt, in Sport, Politik, Militär und so weiter tätig sind, dürfen wir nicht vergessen, dass es Christen letztlich immer darum gehen sollte, *Gottes* Reich zu bauen – in welchem Bereich auch immer sie darüber hinaus tätig sind. Erfahrungsgemäß lassen sich von Zeit zu Zeit Prinzipien aus dem säkularen Umfeld nicht gut auf den Bau von

Wenn biblische Ansprüche zur Nachfolge und menschliche Führungsprinzipien einmal im Widerspruch zueinander stehen: Geben Sie der Bibel den Vorzug!

Gottes Reich übertragen. Außerdem sollten wir als leitende Mitarbeiter eines christlichen Dienstes immer berücksichtigen, dass die Werte, auf denen unsere Arbeit basiert, und unsere letztgültige Marschordung nur aus einem Buch stammen – einem Buch, das Gottes Sprache spricht, das von seinem Heiligen Geist inspiriert und inhaltlich vollkommen ist und das auch heute noch unverändert in der Lage ist, Leben zu verändern.

Wenn biblische Ansprüche zur Nachfolge und menschliche Führungsprinzipien einmal im Widerspruch zueinander stehen: Geben Sie der Bibel den Vorzug! Vertrauen Sie der Bibel. Und gehorchen Sie der Bibel … *jedes* Mal.

Vor einigen Jahren sollte ich ein Vorstellungsgespräch mit einem außergewöhnlich intelligenten, fähigen jungen Mann führen, den wir als neuen hauptamtlichen Leiter eines Dienstbereiches in Betracht zogen. Ich wurde von meinen Kollegen, die diesen Bewerber bereits getroffen hatten, schon vorgewarnt, dass er das Vorstellungsgespräch mit Bravour bestehen würde. „Er ist fantastisch! Und wir brauchen ihn wirklich", erklärten sie. „Diese Sache wird dich bloß zehn Minuten deiner Zeit kosten, Bill. Wirklich, das ist nur noch eine Formalität … Wir brauchen nur noch deine endgültige Einwilligung."

Doch schon nachdem wir uns nur fünf Minuten unterhalten hatten, spürte ich, dass ich anfing, mir Sorgen zu machen. Ich konnte sehen, dass diese Person klug und fähig war, aber es begannen auch einige Alarmglocken zu schrillen. Meiner Meinung nach gab er sich etwas zu selbstbewusst, beinahe stolz. Ich wollte nicht, dass das Gespräch einen unangenehmen Verlauf nahm, aber der Heilige Geist flüsterte mir immer zu: *Stell ihn auf die Probe, Bill. Lass nicht locker und sieh, wie er reagiert.*

Also ließ ich nicht locker. Und wieder erschien mir seine Reaktion ausgesprochen alarmierend.

Trotz seiner offensichtlichen Fähigkeiten und Begabungen zeigte sich dieser junge Mann in keiner Weise aufgeschlossen gegenüber meinen Fragen, in denen es um Stolz ging. Er weigerte sich, ehrlich darüber zu reden, wie er sich gegenüber Autoritäten verhalten würde. Er verschloss sich, als ich herauszufinden versuchte, was für ihn wichtiger war: sich auf seine eigenen Stärken zu verlassen oder zur Stärke des Teams beizutragen. Von da an gestaltete sich das Vorstellungsgespräch ausgesprochen schwierig.

Die Führungsprinzipien würden in diesem Fall raten: „Schau, er ist noch ein junger, ungeschliffener Mensch mit einigen Kanten, aber er hat ungeheures Potenzial. Die Kanten werden sich abschleifen, während er der Organisation von großem Nutzen sein wird. Also stell ihn einfach ein."

Die Bibel äußert sich jedoch ziemlich eindeutig, was das Thema „Stolz" und dessen Folgen betrifft. In 1. Petrus 5, Vers 5 heißt es: „Denn die Hochmütigen und Stolzen werden niemals Gottes Barmherzigkeit erfahren. Seine

Gnade gilt denen, die zum demütigen Gehorsam bereit sind" (Hfa). In Sprüche 16, Vers 18 steht: „Der Stolze wird gestürzt: ja, Hochmut kommt vor dem Fall!" (Hfa).

Diese und andere Verse gingen mir einfach nicht aus dem Sinn. Der Heilige Geist schien regelrecht in mein Ohr zu brüllen: *Nimm diesen Typ nicht. Besetz die Stelle lieber nicht. Bete mit dem jungen Mann, und wünsche ihm alles Gute, aber wage es nicht, ihn einzustellen.* Egal, was der Leiter in mir von mir erwartete, ich wusste, ich musste diesen Mann ziehen lassen.

Der Bewerber hatte hervorragendes Führungspotenzial, und ich bin sicher, er hätte in *Willow Creek* einige spannende Dinge ins Rollen gebracht. Doch ich konnte mich dem Heiligen Geist nicht widersetzen, indem ich ihn einstellte. Bei diesem Vorstellungsgespräch kollidierte mein Schriftverständnis mit den Führungsprinzipien und ich musste mich einfach für die Seite der Nachfolge entscheiden. In jener Nacht habe ich gut geschlafen. Ich wusste, ich hatte das Richtige getan.

Sogar im säkularen Bereich wird es Zeiten geben, in denen Sie den Ansprüchen der Jüngerschaft gehorchen müssen und nicht auf Führungsprinzipien setzen sollten.

Nur weil Sie vielleicht in einem säkularen Umfeld als leitender Mitarbeiter tätig sind, heißt das noch lange nicht, dass der Heilige Geist Ihnen seine Weisheit nicht in Herz und Verstand einflüstert. Wenn das geschieht, dann sollten Sie darauf hören. Und gehorchen.

Auch der Geschäftsführer eines großen Unternehmens aus dem Mittleren Westen hat bereits mehrfach die Erfahrung gemacht, die auch ich in dem Vorstellungsgespräch gemacht habe, von dem ich eben sprach. Als Christ kann er seinen nichtgläubigen Vorstandsmitgliedern nicht immer begreiflich machen, warum manche Bewerber, die auf dem Papier ausgezeichnet dastehen, seine Musterung nicht bestehen. Doch nachdem er das Flüstern des Heiligen Geistes wiederholt ignoriert und die Folgen auszubaden hatte, betrachtet er *jedes* wichtige Vorstellungsgespräch als Akt der Anbetung. „Leite mich Gott", sagt er leise, wenn er diese Situationen angeht. Seiner Meinung nach ist die Bevollmächtigung durch den Heiligen Geist der einzige Weg, seine persönlichen Werte zu wahren, das Betriebsklima zu schützen und seine Rolle als Führungsperson glaubwürdig auszuüben. Dem stimme ich aus vollem Herzen zu.

Ich kenne einen Vermögensverwalter in Michigan, ein gläubiger Mann, der vergangenes Jahr beinahe eine halbe Million Dollar verloren hat. Der Schuldige war sein persönlicher Finanzberater – ebenfalls ein Christ. Wo wir gerade von heiklen Situationen sprechen: Der Anwalt des Vermögensverwalters (ganz zu Schweigen von seiner nach Gerechtigkeit dürstenden Ehefrau) riet ihm, einen saftigen Rechtsstreit in Betracht zu ziehen. Doch etwas in ihm ließ das nicht zu. „Ich wurde das Gefühl nicht los, Gott habe etwas Größeres vor, als mein Bankkonto wieder aufzufüllen", erzählte er mir.

Er folgte diesem Eindruck. Mit einem Schritt, den jeder, der an der Sache beteiligt war, staunen ließ, verzichtete er auf rechtliche Schritte und bemühte sich stattdessen darum, die jahrzehntelange Freundschaft zu seinem früheren Steuerberater wieder aufzubauen. Er vertraute weiterhin auf das Versprechen Gottes, für die täglichen Lebenshaltungskosten aufzukommen – Kosten, an die er zuvor niemals auch nur einen Gedanken verschwendet hatte.

Ich weiß nur so viel: Es lässt sich nicht in Zahlen ausdrücken, was es kostet, auf den Heiligen Geist zu hören. Selbst wenn man der einzige Mensch ist, der versteht, warum man das tut, was man tut, sollte man selbstbewusst den Weg gehen, den Gott einem zeigt.

Das klingt verrückt, oder? Ich weiß nur so viel: Es lässt sich nicht in Zahlen ausdrücken, was es kostet, auf den Heiligen Geist zu hören. Selbst wenn man der einzige Mensch ist, der versteht, warum man das tut, was man tut, sollte man selbstbewusst den Weg gehen, den Gott einem zeigt.

Ich möchte Sie als leitenden Mitarbeiter herausfordern: Setzen Sie Gottes Reich wirklich an die erste Stelle in Ihrem Leben. Folgen Sie Jesu Fußstapfen – egal, in welchem Bereich Sie auch immer leiten; und handeln Sie nach seinem Vorbild, in welcher Situation Sie sich auch immer befinden. Setzen Sie Jesus an die erste Stelle, wann immer Führungsprinzipien und die Ansprüche der Jüngerschaft im Widerspruch stehen.

Die Leitung durch den Heiligen Geist

Vielleicht fragen Sie sich jetzt: *Aber woher soll ich es wissen? Ich meine, wenn es wirklich hart auf hart kommt, wie kann ich wissen, was ich tun soll?*

Die beste Antwort, die ich darauf geben kann, lautet: Die Leitung des Heiligen Geistes ist eine sehr reale Gabe für jeden, der Christus nachfolgt. Jesus hat uns versprochen, dass der Heilige Geist uns *immer* den besten Weg weisen wird, wenn wir auf das hören, was er sagt (Johannes 16,13). Der Heilige Geist wird uns Einsicht in Gottes Gedanken geben, wenn solche Widersprüche unvermeidlich scheinen. Je länger ich in leitender Funktion tätig bin, desto abhängiger werde *ich* von seiner Leitung, nicht nur, wenn es zu schwierigen Entscheidungssituationen zwischen Führung und Nachfolge kommt, sondern auch – und da ganz besonders – in alltäglichen Fragen, bei denen es um Ermutigung, Leitung und Weisheit in allen Bereichen meines Lebens und meines Berufes geht.

Christliche Führungspersonen können es sich nicht

Es braucht mehr als von Menschen aufgestellte Führungsprinzipien, will man effektiv sein. Unterschätzen Sie niemals die Rolle der Bibel und die Stimme des Heiligen Geistes.

leisten, ohne die Leitung durch den Heiligen Geist Macht auszuüben. Es braucht mehr als von Menschen aufgestellte Führungsprinzipien, will man effektiv sein. Unterschätzen Sie niemals die Rolle der Bibel und die Stimme des Heiligen Geistes.

Wenn ich jetzt wieder von Neuem darüber nachdenke, wie wahr es ist, dass wir als Gemeindeleiter ohne die Kraft des Heiligen Geistes in unserem Leben nichts ausrichten können, muss ich zwangsläufig an eine Zeit denken, in der ich vermutlich gescheitert wäre, wenn der Heilige Geist nicht eingegriffen hätte.

Während einer schwierigen Periode in meiner Zeit als Gemeindeleiter verschworen sich allgemeine Verantwortlichkeiten meiner Funktion und einige herausfordernde Umstände gegen mich. Die Kritik wurde lauter, und ich war wie ein Dampfkochtopf, der alle anderen Dampfkochtöpfe schlagen will. Ich wusste, wenn ich keine Auszeit nahm und einige Zeit allein mit Gott verbringen würde, würde ich schier explodieren. Und das wäre kein schöner Anblick gewesen.

Ich verließ das Gelände der Gemeinde und fuhr auf einem Boot hinaus auf den Lake Michigan – so weit weg vom Land entfernt, wie ich nur konnte.

Ich bin eigentlich nicht die Art Mensch, die Gott um Zeichen oder Wunder bittet. Doch an diesem besonderen Tag tat ich genau das. Ich brauchte ein Wort, ein Zeichen, irgendeinen Hinweis von Gott, dass die scheinbar verheerenden Probleme, mit denen ich mich konfrontiert sah, mich nicht vollends aus der Bahn werfen würden. „Gott, bitte lass mich etwas von dir hören. Ich weiß, ich sollte mich reifer verhalten, als es momentan der Fall ist, aber heute schaff ich das nicht. Ich brauche eine Art Versicherung, dass ich in dieser Geschichte nicht allein dastehe. Ich kann nicht länger weitermachen, wenn ich mich völlig alleingelassen fühle."

Ich weiß, das klingt vielleicht etwas mystisch und auch ein bisschen dumm ... oder sogar vermessen. Aber als ich da auf dem Deck eines Bootes auf den Knien lag, flehte ich genau das zu Gott.

Als Antwort auf meine gequälte Bitte erhielt ich Stille. Völlige Stille.

Eine Zeit lang fragte ich mich, ob Gott wohl gerade anderweitig beschäftigt war, doch bevor mein Glaube ins Wanken geraten konnte, schenkte mir Gott drei Gedanken. Er übermittelte sie mit solchem Nachdruck und solcher Klarheit, dass ich unter Deck rannte, nach Papier und Bleistift griff und sie aufschrieb, damit ich mich genau so an sie erinnern könnte, wie sie mir gegeben wurden.

Gedanke Nummer 1 lautete: *Bill, du bist ein geliebtes Kind des allerhöchsten Gottes.*

Genau das war der Satz, wie ich ihn empfangen hatte: „Du bist ein geliebtes Kind des allerhöchsten Gottes." Jedes Wort in diesem Satz war ein Geschenk an mich. „Bill, *du,* mit all deinen Fehlern und all deiner Schuld und dem Müll und mit all der Angst, die du gerade hast; *du bist* – du bist es jetzt im Moment, nicht irgendwann einmal, wenn du in den Himmel kommst, wenn du einmal stärker bist als heute und endlich die Kurve gekriegt hast; du bist genau in diesem Augenblick ein *geliebtes Kind* – kein Waisenkind, kein Stiefkind, nicht einmal ein barmherzigerweise geachtetes Kind. Du bist ein geliebtes Kind des *allerhöchsten Gottes,* durch den alle Dinge möglich sind."

Ich saß an jenem Tag auf dem Boot da und las diese Worte wieder und wieder. Und ich weinte. *Ich bin ein geliebtes Kind des allerhöchsten Gottes.* Wie hatte ich das nur aus dem Blick verlieren können?

Es war als würde Gott sagen: „Bill, denke daran, wer du bist. Und denke daran, zu wem du gehörst."

Ich saß an jenem Tag auf dem Boot da und las diese Worte wieder und wieder. Und ich weinte. *Ich bin ein geliebtes Kind des allerhöchsten Gottes.* Wie hatte ich das nur aus dem Blick verlieren können?

Der zweite Gedanke, den mir der Heilige Geist gab, lautete: *Die Sache, mit der ich dich beauftragt habe, wird erfolgreich ausgehen. Die vereinten Kräfte der Dunkelheit können sie nicht überwinden.*

Ist das nicht eine wunderbare Erinnerung? Irgendwo auf meinem Weg hatte ich die Worte Jesu vergessen: „Auf diesen Felsen will ich meine Gemeinde bauen, und keine Macht der Welt wird sie vernichten können" (Matthäus 16,18; Hfa).

Diese Offenbarung nahm eine schwere, schwere Last von meinen Schultern. Ich dachte: *Ja, ich bin hier momentan in eine wirklich schreckliche Schlacht verwickelt; doch die Gemeinde Jesu Christi hat zweitausend Jahre voller Schlachten überstanden, von denen viele sehr viel heftiger waren als diese. Gott wird schon dafür sorgen, dass seine Kirche bis zu Jesu Wiederkunft überlebt und gedeiht. Die letztendliche Verantwortung für den Sieg seiner Kirche liegt auf seinen Schultern, nicht auf meinen.*

Dann folgten die letzten Worte für diesen Tag: *Ich habe dich mit einigen der liebenswertesten, bemerkenswertesten Christus-Nachfolgern der Welt umgeben. Stütze dich auf sie. Nimm ihre Liebe an. Lade sie ein, an deinem Kampf teilzunehmen. Bitte sie um Hilfe. Bitte sie, für dich zu beten.*

Als ich einige Stunden darauf wieder zurück an Land war, tat ich genau das.

Falls man einen Streit, ein Problem oder Konflikte mit anderen hat, sieht alles anders aus, wenn man zuerst einmal von Angesicht zu Angesicht vor Gott gestanden hat.

Der großartige Bischof T. D. Jakes sagte einmal zu mir: Falls man einen Streit, ein Problem oder Konflikte mit anderen habe, sähe alles anders aus, wenn man zuerst einmal von Angesicht zu Angesicht vor Gott gestanden habe. Und es sah tatsächlich alles anders aus. Die Umstände hatten sich kein bisschen verändert, doch als ich an jenem Nachmittag zurück in den Hafen kam, hat sich meine innere Einstellung verändert. Mein Herz wurde weiter und ich habe meinen Mut wiedergefunden.

Worauf will ich hinaus? Ich will Sie einfach daran erinnern, dass die Kraft des Heiligen Geistes der beste Freund eines Leiters ist. Der, der an Ihrer Seite steht, wenn die Luft etwas dünn wird ... Das ist der Heilige Geist. Der, der Sie leitet und Ihnen Kraft schenkt, wenn Sie nicht mehr weiterwissen ... Das ist der Heilige Geist. Der, der Sie vor Fallstricken warnt und Ihnen Worte der Ermutigung zuflüstert, wenn Sie müde sind ... Das ist der Heilige Geist. Der, der Sie daran erinnert, dass Sie ein geliebtes Kind des allerhöchsten Gottes sind ... *Das* ist der Heilige Geist.

Wenn Sie die Führungsprinzipien kennen und sie befolgen, wenn es sinnvoll ist, sie zu befolgen, wenn Sie Gott lieben und der Stimme seines Heiligen Geistes bereitwillig folgen, wenn Sie seine Leitung spüren, dann werden Sie es schaffen.

Vielleicht möchte der Heilige Geist Sie in diesem Augenblick daran erinnern, dass Sie Ihre Aufgabe als Leiter und den Auftrag, den Gott Ihnen anvertraut hat, tatsächlich erfolgreich ausführen werden. Gottes Reich wird kommen. Sein Name wird erhöht werden. Doch das Gewicht dieser Aufgabe liegt nicht auf Ihren Schultern. Jesus Christus hat den Sieg bereits errungen.

Vielleicht machen auch Sie gerade eine Zeit durch, in der viel auf dem Spiel steht, und Sie haben den Menschen in Ihrem Umfeld noch nie anvertraut, wie schwierig Ihre Situation ist. Wenn Gott Ihnen bemerkenswerte, liebevolle Menschen zur Seite gestellt hat, dann stützen Sie sich auf sie. Versuchen Sie, den Herausforderungen als Team zu begegnen, nicht als Einzelkämpfer. Vielleicht müssen Sie die Art von Verletzlichkeit an den Tag legen, die Jesus im Garten Gethsemane gezeigt hat, als er im Wesentlichen Folgendes sagte: „Wisst ihr was? Es ist hart. Es ist *wirklich* hart."

Wenn Sie die Führungsprinzipien kennen und sie befolgen, wenn es sinnvoll ist, sie zu befolgen, wenn Sie Gott lieben und der Stimme seines Heiligen Geistes bereitwillig folgen, wenn Sie seine Leitung spüren, dann werden Sie es schaffen. Und wenn beide Haltungen sich widersprechen – wenn Sie dann sagen: „Ich werde mich jedes Mal für die Nachfolge und die Lehren der Bibel entscheiden. Ich werde immer und überall auf den Heiligen Geist vertrauen und ihm erlauben, mich zu führen und mir Kraft zu schenken", dann werden Sie es schaffen.

Aber eigentlich werden Sie es nicht nur schaffen – Sie

werden Erfolg haben. Aber Sie werden nicht nur Erfolg haben – Sie werden die Schlacht siegreich schlagen! Und Sie werden in der Lage sein, alles zu überwinden, was die Mächte der Finsternis Ihnen in den Weg legen, garantiert.

Eine Kampfansage

Ein kurzer Vers aus dem Buch Nehemia beweist, dass an diesem Versprechen etwas dran ist.

Nehemia und seine Leute hatten Tag und Nacht gearbeitet, um die zerstörte Stadtmauer von Jerusalem wieder aufzubauen. Doch mitten in diesen knochenbrecherischen Anstrengungen ließen die Feinde ausrichten, dass sie mit ihren Truppen anrücken würden, um alle zu massakrieren.

Verständlicherweise wurden die Menschen etwas mehr als nur nervös.

Weil er wusste, dass er als Leiter nun in irgendeiner Form handeln musste, versammelte Nehemia alle um sich und stellte sie vor eine große Herausforderung. Im Wesentlichen steht in Nehemia 4, Vers 18: „Erinnert euch daran, dass Gott groß und stark ist, und dann kämpft mit all eurer Kraft."

Ich liebe diese Worte! *Denk an Gott* – er ist für dich. Er liebt dich. Er ist mehr als nur genug. Du bist ein geliebtes

Kind des allerhöchsten Gottes. Und dann *kämpfe mit all deiner Kraft* – gib der Sache Christi dein Bestes!

Wenn Sie Ihre alltäglichen Pflichten angehen, denken Sie an Gott; er ist treu und gerecht. Denken Sie an Gott; er ist auch in Zeiten der Aufruhr immer bei Ihnen. Denken Sie an Gott; er hat versprochen, Sie hindurchzutragen.

Und zweitens: Kämpfen Sie mit all Ihrer Kraft. Kämpfen Sie um die Herzen und Leben der Menschen, die Gott noch nicht kennen. Kämpfen Sie um neue Mitarbeiter. Kämpfen Sie um Mittel für die Armen und Vergessenen. Kämpfen Sie für ein Unternehmen, in dem ehrlich und exzellent gearbeitet wird. Kämpfen Sie für die Erhaltung von Gottes Schöpfung und Gerechtigkeit auf der Erde. Kämpfen Sie für Schulen, Gemeinden, Städte und Organisationen, die Gottes Reich widerspiegeln. Kämpfen Sie *mit all Ihrer Kraft* dafür, dass Ihre Gemeinde wirklich so wird wie die Gemeinde, von der im 2. Kapitel der Apostelgeschichte berichtet wird.

Welches Unterfangen Sie als Leiter und Führungsperson auch immer angehen – geben Sie Gott alle Ehre. Dann werden wir uns eines Tages alle im Himmel treffen und Gottes Herrlichkeit für immer feiern.